DEBUT D'UNE SERIE DE DOCUMENTS
EN COULEUR

RÉPERTOIRE DU THÉÂTRE CHRÉTIEN

L'abbé J.-J. MORET

LES CONSCRITS DE FICHE-TON-CAMP

Comédie en trois actes

Avec chants patriotiques, airs notés

Prix : 75 centimes

PARIS
VIC ET AMAT, LIBRAIRES-ÉDITEURS
11, Rue Cassette, 11

SAINT-AMAND (Cher)
SOCIÉTÉ ANONYME DE L'IMPRIMERIE SAINT-JOSEPH

MDCCCXCIII

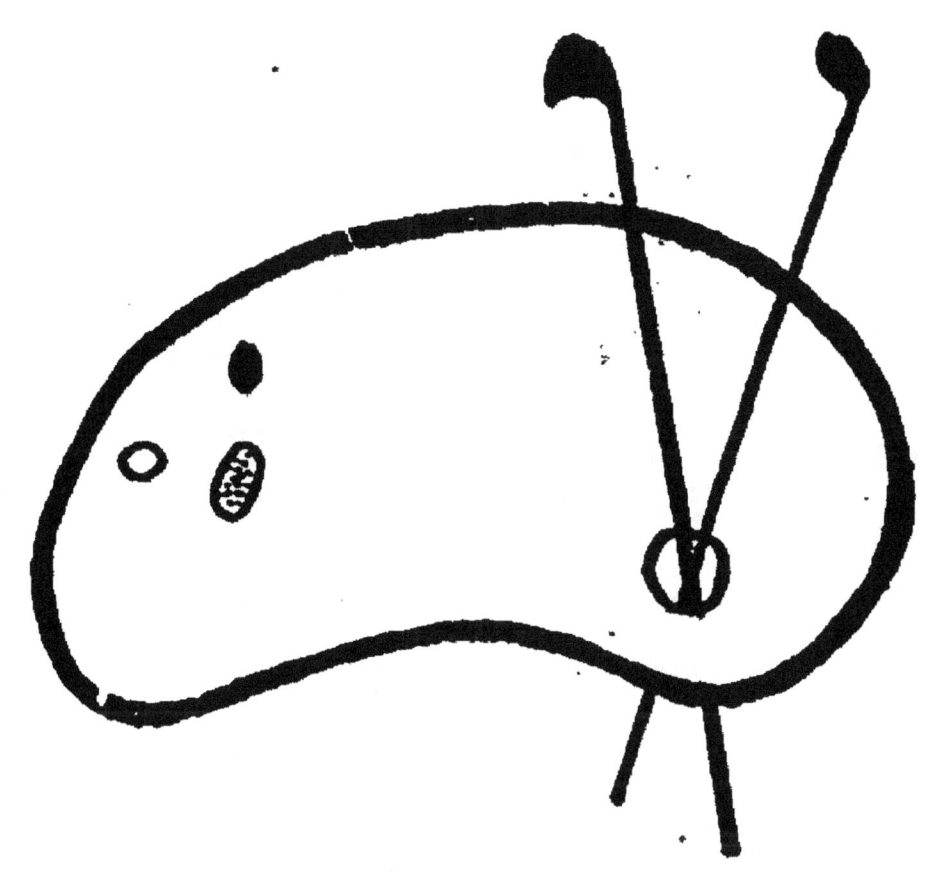

FIN D'UNE SERIE DE DOCUMENTS
EN COULEUR

LES CONSCRITS DE FICHE-TON-CAMP

Comédie en 3 actes avec chants patriotiques et airs notés

par l'abbé J.-J. MORET

PERSONNAGES :

ACTE PREMIER

M. Rapinot, *sorcier de village et maire de la commune.*
Le père Boniface, *cultivateur.*
Un garçon de ferme.
Jean, *domestique.*
Le petit bossu Jacquelinot.

ACTE DEUXIÈME

Les conscrits, *au nombre de dix.*
Les anciens du village défilant par petits groupes ou isolément :
1° Claude et Michel
2° Le père à Jeannot.
3° Grégoire, Taupette.

4° Martin et Thomas.
5° Le père Boniface.
6° Robert, Mathurin, Lafont et le petit bossu.

ACTE TROISIÈME

M. Rapinot, *faisant les fonctions de maire.*
Jean, *son domestique remplissant le rôle de garde champêtre.*
Le capitaine de recrutement.
Un brigadier de gendarmerie.
Le petit bossu, *caché dans une grande panière en osier.*
Les dix conscrits.
Jacques Boniface.
Un conscrit *faisant le sourd.*

La scène se passe, au premier acte, dans une maison de village; au deuxième acte, sur la place publique; au troisième acte, dans la salle de la mairie.

ACTE PREMIER

Une chambre d'une maison de campagne. — A droite, une table sur laquelle sont rangées cinq ou six fioles de différentes couleurs. — A gauche, un vieux meuble. Une grande blouse pendue à un clou. Un gros bâton noueux sur une chaise. — Au fond, une cheminée.

SCÈNE I

M. RAPINOT, LE PÈRE BONIFACE

M. RAPINOT

Mon pauvre père Boniface, c'est bien difficile ce que vous me demandez-là.

LE PÈRE BONIFACE

Oh ! M'sieur Rapinot, ça ne tient qu'à vous de nous tirer d'embarras ; vous réussissez toujours quand vous voulez vous en donner la peine.

M. RAPINOT

Pas toujours, papa Boniface, pas toujours.

LE PÈRE BONIFACE

Oh ! que si ; c'est que vous ne voulez pas vous vanter. Essayez tout de même, rien que pour me faire plaisir ; je vous réponds que vous n'aurez pas obligé un ingrat. (*Essuyant ses yeux du revers de sa manche.*) Ah ! not' pauv' garçon, s'il venait qu'à partir !... (*Il tire sa bourse en toile.*) Tenez, M'sieu Rapinot, v'là un petit à-compte, en attendant le reste.

M. RAPINOT (*tendant la main*)

Ça ne presse pas, mon père Boniface, ça ne presse pas.

LE PÈRE BONIFACE

Si fait, M'sieu, si fait.

M. RAPINOT

Enfin, si vous y tenez!... (*Il range les écus dans sa poche.*) Je disais donc que c'est bien difficile, mais cependant ce n'est pas une chose impossible.

DEBUT DE PAGINATION

LE PÈRE BONIFACE

Ah ! que vous me faites plaisir !

M. RAPINOT

Il faudra un peu de temps, de patience... et d'argent.

LE PÈRE BONIFACE

Portez pas peine, M'sieu Rapinot.

M. RAPINOT

Voilà ce que vous ferez ; écoutez bien, et vous savez, c'est entre nous deux.

LE PÈRE BONIFACE

Jusqu'à la mort.

M. RAPINOT

Vous ne le direz à personne ?

LE PÈRE BONIFACE

Pas même à la bourgeoise ; je sais ce que c'est que les femmes.

M. RAPINOT

Bon. Donc, ce soir, quand le dernier coup de minuit aura sonné, vous vous trouverez, avec votre garçon aux quatre chemins, vers le Ris du loup.

LE PÈRE BONIFACE

Oui, M'sieur. Un endroit ousse qu'il y a des revenants à ce qu'on dit.

M. RAPINOT

Quand vous aurez trouvé le milieu des quatre chemins, vous tournerez trois fois sur le talon gauche, comme ça *(il se lève montre comment il faut tourner)*, en disant : Tourne à mon souhait. *(Boniface, tournant gauchement s'entrave dans une chaise et va tomber, Rapinot le rattrapant.)* Voyez, comme ceci : Tourne à mon souhait.

BONIFACE *(tournant avec peine)*

Tourne ton sou...

M. RAPINOT

Non, tourne à mon souhait.

LE PÈRE BONIFACE *(tournant toujours gauchement)*

Tourne à mon sou...

M. RAPINOT

A mon souhait.

LE PÈRE BONIFACE

A mon souhait.

M. RAPINOT

Bien. Vous gratterez ensuite un peu terre que vous délayerez avec le contenu cette fiole, en ajoutant : rico, rica, riquett je le tiens ; rico, rica, riquette, il est à mo rico, rica, riquette, je le garde. Quand terre sera bien délayée, comme du mortier o dinaire, ni trop mou, ni trop sec, votre ga çon en remplira sa main gauche, et, se tou nant au nord, il dira ; rico ; à l'ouest, rica ; a midi, riquette ; enfin à l'est : rico, rica, quette. Retiendrez-vous bien cela ?

LE PÈRE BONIFACE

Je ne sais pas, M'sieur Rapinot ; c'est bie compliqué.

M. RAPINOT

Ah ! dame, il ne faudra pas sauter un seu mot, sans cela je ne réponds de rien.

LE PÈRE BONIFACE

Pour ne pas l'oublier, je m'en vas le dir tout le long du chemin : rico, rica, ri...

M. RAPINOT

Riquette. Répétez.

LE PÈRE BONIFACE

Rico, riquette, ri...

M. RAPINOT

Non, dites comme cela : rico.

LE PÈRE BONIFACE

Rico.

M. RAPINOT

Rica.

LE PÈRE BONIFACE

Rica.

M. RAPINOT

Riquette.

LE PÈRE BONIFACE

Riquette.

M. RAPINOT

...tes le tout maintenant : rico, rica, ri-
...te.

LE PÈRE BONIFACE

...co, rica, ri... Ah! j'y suis : riquette.

M. RAPINOT

...est cela. Maintenant, demain matin, au
... du lit, avant que le coq ait fini de chan-
... votre garçon, en se levant sur le pied
...he, se frottera la main droite avec la poudre
...voici. Dites-lui aussi de ne rien toucher
...le ce soir et demain.

LE PÈRE BONIFACE

...en, M'sieu, je l'y ferai observer. Y a-t-il
...re quéque chose à faire ?

M. RAPINOT

...n, je n'ai plus qu'à donner un coup de
...s. (*Il bat une dizaine de cartes.*) Bon,
... l'as de cœur qui vient avec le valet de
... et le roi de pique. C'est tout ce qu'il
..., nous réussirons.

LE PÈRE BONIFACE

...! que vous m'faites du bien, en me di-
...cela. Tenez, M'sieu Rapinot, vlà une autre
... Pauv' garçon, va ! C'est la mère Cathe-
...ui sera contente. Voyez-vous, je la con-
...elle serait capable d'en mourir de pople-
... s'il venait qu'à partir. Ah ! c'est qu'elle
..., oui !

M. RAPINOT

...e partira pas, c'est moi qui vous le dis.

LE PÈRE BONIFACE

...u vous entende ! (*En sortant*) Bien le
...ir, M'sieu Rapinot, nous reviendrons
... vous remercier et finir de vous payer.
...rt en répétant, rico, rica, ri, ri, riquette.)

SCÈNE II

...INOT, PUIS UN GARÇON DE FERME ET JEAN,
DOMESTIQUE DE M. RAPINOT.

M. RAPINOT (*seul*)

...nge ses fioles sur la table et serre ses écus
dans une bourse en cuir.)

... deux, trois, quatre et cinq. Allons, ça
...pas trop mal ; ma journée s'avance d'être
gagnée. J'attends aussi le père Fricotot avec
son garçon. Ça ne sera pas long avec lui, car
il ne voit pas plus loin que le bout de son nez,
et puis les écus ne lui manquent pas. (*On frappe.*) Entrez.

UN GARÇON DE FERME (*tout essoufflé*)

Ah ! M'sieu Rapinot, venez vite, je vous en
prie, la vache du grand François qui s'en va
périr ; vous savez, cette vache qu'il aime tant ?

M. RAPINOT

Diable ! diable ! je n'ai guère le temps tout
à l'heure.

LE GARÇON DE FERME

Je vous en prie, M'sieu Rapinot, le grand
François se rend bien à vous.

M. RAPINOT

C'est possible, mais... c'est ennuyeux.

LE GARÇON DE FERME

Il dit comme ça qu'il aimerait mieux se casser
la moitié du corps que de perdre une si bonne
laitière. Vous serez bien payé, allez, c'est moi
qui vous le dis.

M. RAPINOT

Y a-t-il longtemps qu'elle est malade ?

LE GARÇON DE FERME

Je n'sais pas au juste, M'sieu ; mais parait
qu'elle est à l'agonie, la paur' bête.

M. RAPINOT

Eh bien, on va y aller. Laissez-moi prendre
ce qu'il faut.

LE GARÇON DE FERME

Ah ! M'sieu, vous êtes ben bon...; et surtout, n'oubliez pas voté remèdes. Ah ! la paur'
bête, si elle venait qu'à périr, tout le monde
en aurait du chagrin dans not' village.

(*M. Rapinot range ses lunettes, passe une
grande blouse sur sa veste, prend une de ses
fioles et son gros bâton. Avant de sortir il ap-
pelle son domestique.*)

Jean !

(*Un domestique arrive à la hâte une bêche
sur l'épaule.*)

M'sieu.

M. RAPINOT

Si le père Fricotot vient avec son garçon, tu leur diras que je ne tarderai pas à rentrer. Tu les feras chauffer à la cuisine, et tu leurs parleras poliment, tu entends ?

JEAN

Oui, M'sieu.

SCÈNE III

JEAN (seul)

(*Il pose sa bêche et s'assied tranquillement à côté de la table.*)

Eh ben! il en a de la presse aujourd'hui, le patron. (*Comptant ses fioles.*) Plus que trois fioles; il en avait une dizaine ce matin... C'est du butin qui lui en rapporte des écus..., il faut croire que c'est bon... (*Il en examine une.*) Savoir avec quoi c'est fabriqué, et si c'est garanti du gouvernement. (*Il ôte le bouchon et sent.*) Ça ne sent rien, c'est drôle... Si c'était du poison... Mais non, il en fait prendre au monde et aux bêtes qui sont malades... J'ai envie d'en goûter. Peut-être que ça me ferait vivre plus longtemps, puisque je ne suis pas malade... Dame, si ça fait tant de bien quand on est malade, ça doit en faire bien plus quand on se porte bien. (*Il verse dans le creux de sa main.*) Je ne m'y fie pas plus que ça; si j'allais attraper un sort. Avec ce vieux sorcier, on n'est jamais en sûreté. D'abord, tous les chats le connaissent et le suivent comme s'ils étaient de la même parenté, surtout les chats noirs. Un jour, j'en ai compté treize à ses trousses, et fallait voir comme ils tenaient la queue droite; on aurait dit qu'ils venaient de faire quéque chose sur la braise! Bien sûr que le diable les menait. Il y en a qui prétendent qu'il n'y a pas de diable! eh bien, moi je dis qu'il y en a plus d'un, et j'en suis sûr; la preuve, c'est que j'entends souvent le patron causer fort avec quéqu'un que je n'vois pas et qui a une drôle de voix; quand j'ai voulu regarder par le trou de la serrure, je n'ai vu que le patron, c'est sûrement le diable qui lui cause, à moins que ce soit le bon Dieu, ce qui m'étonnerait, puisque le patron ne met jamais les pieds à l'église, excepté le bon jour des Rameaux. (*Replaçant la fiole sur la table.*) Jean, mon garçon, laissons ça tranquille ; à nos âges, ce n'est pas la peine, à notre âge, de s'empoisonner ou d'attraper un sort. (*Des pas se font entendre.*) Ah! malheur! si c'était lui! Ce ne serait pas à souhaiter qu'il me prenne à toucher ses drogues!

(*Il se lève précipitamment et reprend sa bêche pour sortir, lorsque survient un petit bossu à la mine éveillée, portant une besace sur l'épaule.*)

SCÈNE IV

Le même, LE PETIT BOSSU

LE PETIT BOSSU

Bonjour, Jean.

JEAN

Tiens, c'est toi! (*A part.*) M'a-t-il fait p

LE PETIT BOSSU

Oui, c'est moi qui ne suis pas le roi.

JEAN

Ça roule-t-y, les affaires ?

LE PETIT BOSSU

Comme une roue mal graissée.

JEAN

On dirait que tu n'es pas content

LE PETIT BOSSU

Oui et non. Les pauvres gens me don du pain, des noix, du fromage, et mêm peu de cidre ; mais il y en a qui ne mér pas d'avoir de la fortune.

JEAN

Savoir ?

LE PETIT BOSSU

Ils ne pensent qu'à eux. Pourvu qu'ils lent des écus, qu'ils mangent et boivent peu leur importe que les autres crèven faim. Il y a surtout ce gueux de sorcier qui enrichi avec le bien des autres...

JEAN

De qui veux-tu parler ?

LE PETIT BOSSU

Eh! tu le sais bien de celui que tu sers

JEAN

De mon maître ?

LE PETIT BOSSU

Oui, de ce vieux singe qui vit aux dé des imbéciles.

JEAN

Ne parle pas si fort ; s'il t'entendait, flanquerait un sort.

LE PETIT BOSSU

Un sort? (*Montrant sa bosse*). Il y a longtemps que je porte le mien sur mon

JEAN

a donc fait bien du mal que tu lui en
ant ?

LE PETIT BOSSU

Si je ne suis pas mort de faim, ce n'est
faute. Il cherche à m'ôter le pain de la
e en disant à qui veut l'entendre, que je ne
'un fainéant, un maraudeur, un espion,
pre à rien.

JEAN

vais peut-être mal parlé de lui ?

LE PETIT BOSSU

du tout. A un pauvre homme dont il
train de vider la bourse, en lui faisant
au poids de l'or ses prétendues drogues,
seulement qu'il ferait tout aussi bien
er de la bouillie, attendu que Rapinot
tous ses remèdes avec de l'eau et de la

JEAN

as dit ça de M. Rapinot, le maire de la
une, lui qui est connu à dix lieues à la
?

LE PETIT BOSSU

et je ne le regrette pas. Je n'ai dit que
té.

JEAN

t qu'aussi toute vérité n'est pas bonne
.

LE PETIT BOSSU

est-ce que ça me fait ? J'enrage de voir
e gens dupés par cette espèce de sorcier.
nd je pense qu'il est en même temps le
de notre commune, qu'au lieu de pren-
s intérêts, il nous exploite, il nous vole,
e dans une colère bleue ! Non, ça ne du-
as plus longtemps ! Je veux qu'il tombe,
ombera ! Qui vivra verra ! Je l'attends au
il de révision ! Rira bien qui rira le der-
Au revoir.

JEAN

revoir mon vieux tu ne veux donc pas
re un verre de piquette ?

LE PETIT BOSSU

, pas aujourd'hui. (*Il sort.*)

SCÈNE V

JEAN (*seul*)

Il n'est pas content le petit bossu. Jamais je ne l'avais vu aussi monté. Il pourrait bien en cuire à M. Rapinot, car ils sont malins les bossus. En attendant, ça me confirme dans mon dire, c'est qu'on n'y voit pas clair dans les remèdes qu'il fait payer si cher au monde. C'est égal je tâcherai bien de m'arranger à savoir quéque chose. Et puis, en ma qualité de garde-champêtre (*il montre sa plaque*) je serai toujours bien à la première place au conseil de révision. C'est là qu'on verra ce que peut faire un bossu.

FIN DU PREMIER ACTE

ACTE DEUXIÈME

Au Village

La scène représente une rue de village

SCÈNE I

Des conscrits défilent sur la scène, tambour et drapeau en tête, avec force rubans à leurs chapeaux ornés de grands numéros depuis 1 jusqu'à 15. Ils se tiennent deux à deux et chantent

I

Monsieu le Maire et M'sieu le Préfet } *bis.*
Sont de forts vilains cadets ;
Ils m'ont fait tiré-z-au sort, tiré-z-au sort, tiré-z-au sort,
[ort,
Ils m'ont fait tiré-z-au sort
Pour m'envoyé-z-à la mort.

II

Si ma tante veut savoir } *bis.*
L'liméro que j'viens d'avoir,
V'ly direz que son neveu, que son neveu, que son neveu,
[eu !
V'ly direz que son neveu
A tiré l'liméro deux.

III

Adieu donc, mes chers parents, } *bis.*
N'oubliez pas vot' enfant.
Quand il s'ra z'au régiment, z'au régiment, z'au régiment,
[ent !
Quand il sera z'au régiment,
Envoyez-l'y de l'argent.

IV

Car s'il va z'au régiment, } *bis.*
C'est pas pour son agrément,
Il s'en va tiré-z-au loin, tiré-z-au loin, tiré-z-au loin, in !
Il s'en va tiré-z-au loin,
Sur messieurs les Bédouins !

V

Si par cas le sort le veut, } *bis.*
Nous reviendrons au pays,
Avec le grad' de général, de général, al !
Avec le grad' de général,
Ou celui de caporal !
(Après avoir chanté ces couplets sur la scène, ils disparaissent en chantant. Puis on n'entend plus qu'un son lointain du tambour.)

SCÈNE II

Les anciens du village passent sur la scène par groupes de deux ou trois, en faisant leurs réflexions sur la mauvaise chance des conscrits. Ils parlent en marchant, de manière à ce qu'on entende bien ce qu'ils disent. Au moment où chaque groupe disparaît dans les coulisses, un autre fait son entrée. — Le père Michel et le père Claude, la tête basse.

CLAUDE

Tous pris, mon père Michel, tous pris ! Ah coquin de sort ! c'est-y du malheur !

MICHEL

Que voulez-vous, mon père Boniface, faut ben qu'on y prenne comme ça vient !

CLAUDE

Moi qui croyais tant le sauver !

MICHEL

Et moi donc !

CLAUDE

Lui qui m'était si nécessaire !

MICHEL

Plaignez-vous donc ! Vous êtes à l'aise, vous, vous pouvez prendre un domestique, mais moi ! il faudra travailler plus fort que jamais sur mes vieux jours.

CLAUDE

C'est sa pauv'mère qui va pleurer !... N'avoir qu'un garçon, un garçon plus sage qu'une fille, et le voir partir pour l'armée de la guerre, pour des pays qu'on n'connaît seulement pas !... Elle est dans le cas d'en mourir de chagrin !

SCÈNE III

LE PÈRE A JEANNOT

Un bon vieux défile tout seul, en sanglotant. Il s'appuie sur son bâton, et, de la main droite, s'essuie les yeux avec un grand mouchoir à carreaux bleus et rouges. On ne lui entend dire que ces mots :

Mon pauv'Jeannot !... Mon pauv'Jeannot !..

SCÈNE IV

Le père Grégoire et le père Taupette.

GRÉGOIRE

C'est l'année qui l'veut, voyez-vous. Faut toujours se défier des années bissextiles, disait feu mon grand père, elle son dangereuses pour le monde comme pour les bestiaux.

TAUPETTE

Faut ben croire que oui

GRÉGOIRE

Vous verrez que nous aurons du malhe la récolte.

TAUPETTE

Manquerait plus que ça.

SCÈNE V

Le père Martin, le père Toinon, le père Thom

MARTIN

Nous v'la bien pris, mon père Toinon.

TOINON

Ne m'en parlez pas.

MARTIN

On dit avec ça que nous aurons la guer

THOMAS

Ah ! sainte Providence ! qu'est-ce que dites-là ?

MARTIN

A ce qui paraît, le roi de la Kabélie r cherché chicane.

TOINON

Où que ça se trouve ce pays ?

MARTIN

En Frique.

THOMAS

C'est-y loin, ce pays de Frique ?

MARTIN

C'est à l'autre coin du monde.

TOINON

Ah ! paur' du bon Dieu, lui qu'était sorti de not'commune que pour aller ch des remèdes à not'vache, quand elle malade, au canton !

MARTIN

Paraît que dans ce pays y a des sarp faire peur, des sarpents avec des cloch les entends à un kilomètre de loin !

THOMAS

Pas possible ?

MARTIN

Tel que je vous le dis ; et quéquefois on en trouve dans ses chausses, le matin, en se levant.

THOMAS

C'est pas agréable, ça ; le gouvernement devrait y faire attention.

TOINON

Ah ! ben oui, le gouvernement ! il a ben ut'chose à faire… Pauvré z'enfants ! faut-il les lever jusqu'à cet âge pour les voir manger par les sarpents !

SCÈNE VI

LE PÈRE BONIFACE (*seul*)

Pourtant, j'avais bien fait tout ce qu'il m'avait dit… à moins que j'ai sauté quéque parole ; c'était si drôle à dire : rico, rica, ri… ri… tiens, n'y sais plus. (*S'essuyant les yeux.*) Mon pauv'garçon ! lui qui ne donnerait pas le démenti à un enfant !… Ah ! quand je trouverai M'sieu Rapinot, je lui ferai mes compliments, bien sûr que oui !

SCÈNE VII

Le père Robert, le père Mathurin, le père Lafont.

ROBERT

Y a encore le conseil de révision, faut pas se désespérer.

MATHURIN

Eh ! que voulez-vous qu'on y fasse, au conseil de révision, avec des gars si bien membrés et forts comme des bœufs.

LAFONT

En effet.

SCÈNE VIII

LE PETIT BOSSU

Moi, je dis qu'on peut faire beaucoup.

ROBERT

Tiens, le petit bossu !

LE PETIT BOSSU

Eh ! oui, c'est moi qui ne suis pas le roi.

MATHURIN

Et tu dis qu'on peut faire beaucoup pour le conseil de révision ?

LE PETIT BOSSU

Je dis qu'on peut en exempter, deux, trois, cinq, tous, si l'on veut !

LAFONT

Diable ! comment ça ?

LE PETIT BOSSU

C'est mon secret.

ROBERT

Si ça se pouvait !

MATHURIN (*mettant la main sur l'épaule du bossu pour le flatter*).

Ecoute, je te donnerai tout ce que tu voudras si tu peux me faire exempter mon garçon.

ROBERT, LAFONT

Et moi aussi.

LE PETIT BOSSU (*mettant l'index à son front*).

Vous ne savez pas ce qu'il y a là-dedans.

LAFONT (*à Robert*)

(*Bas*) C'est vrai qu'ils sont malins les bossus.

ROBERT (*à Lafont*)

(*Bas*) Paraît que oui.

MATHURIN

C'est-y bien difficile, mon petit Jacquelinot, ce que tu veux faire pour les exempter ?

LE PETIT BOSSU

Ça, c'est mon affaire.

ROBERT

Ça nous coûtera-t-y de l'argent ?

LE PETIT BOSSU

Vous me donnerez un verre de vin quand je passerai chez vous, ce sera tout cela et puis plus rien, puisque je ne peux pas travailler pour gagner ma vie, quoiqu'en dise M'sieu Rapinot.

MATHURIN

M'sieur Rapinot a dit ça ?

LE PETIT BOSSU

Oui, il dit partout que je suis un fainéant, un propre à rien, comme si je pouvais manier la pioche ou le marteau, avec ces pauvres petits bras que le bon Dieu m'a donnés-là !

ROBERT

En effet, je n'sais pas comment il ose dire ça, lui qu'est si riche !

LE PETIT BOSSU

Et qui gagne tant d'argent avec ses sortilèges !

LAFONT (à *Mathurin*)

(*Bas*) Il est au courant de tout.

LE PETIT BOSSU

Il s'enrichit tous les jours aux dépens des badauds. Il a pris dix écus au père Boniface pour faire amener un bon numéro à son garçon, et le garçon au père Boniface a tiré le numéro un !

MATHURIN

Eh ! ben, c'est drôle, ça !

ROBERT

En effet.

LE PETIT BOSSU

Et moi, je ne prendrai pas dix sous pour exempter les conscrits de la commune, et je les ferai tous exempter à la barbe de Rapinot !

LAFONT

Il faudra commencer par le mien.

MATHURIN ET ROBERT, (*lui prenant chacun une main*)

Et par le mien, dis ! tu seras un bon garçon, et rien ne te manquera.

LE PETIT BOSSU

Vos trois garçons seront exemptés avec tous les autres, aussi vrai que nous sommes quatre ici. Promettez-moi seulement de n'en rien dire à personne jusqu'au jour de la révision. C'est un tour de ma façon que je veux jouer à maitre Rapinot, qui est en même temps le maire de la commune. On en parlera longtemps, j'en réponds. Seulement, encore une fois, pas un mot de ce que je viens de vous dire. Au revoir ! (*Il s'éloigne en chantant.*)

> Roul'ta bosse, petit bossu,
> Sois toujours gai, ne crains pas la misère ;
> Roul'ta bosse, petit bossu,
> Avec esprit conduis-nous cette affaire.

LAFONT

Savoir s'il fera ben ce qu'il dit ?

MATHURIN

Bien sûr que oui ; il est malin comme singe. Ainsi, on dit que c'est lui qui a gagner le procès à M'sieu Jérôme.

ROBERT

Pas possible ?

MATHURIN

Tel que je vous le dis.

ROBERT

C'est tout de même drôle, ça.

LAFONT

Pour sûr.

MATHURIN

Ma grand'mère, qu'est morte à 93 ans et d jours, me disait souvent : Et surtout, mon ç çon, si tu trouves un bossu sur ton chem sois-lui honnête, car si tu lui manquais, ça porterait malheur. J'ai toujours retenu ç Ah ! la bonne femme que c'était, et une mémo à faire peur !

ROBERT

Enfin, s'il peut faire exempter nos garço il n'y perdra pas.

LAFONT ET MATHURIN

Bien sûr que non. (*Ils s'en vont*).

FIN DU DEUXIÈME ACTE

ACTE TROISIÈME

Au Conseil de révision, à la Mairie.

Au milieu de la salle, un grand drapeau. — Dan coin, une grande panière en osier, munie de son couver — A l'autre coin, une table couverte d'affiches et de piers, avec un vieux tambour par dessous.

SCÈNE PREMIÈRE

LE GARDE CHAMPÊTRE

Grand bonnet blanc ; blouse grise que croise un drier, orné d'une plaque luisante, auquel est suspe son sabre ; pantalon qui descend au-dessous des geno gros sabots jaunes.

Il s'agit de se montrer aujourd'hui ce qu' est, c'est-à-dire le garde champêtre de la co mune, le premier après M'sieur le Maire, si l'on veut le premier à la soupe, le dernier feu, comme disait feu mon grand oncle était, lui aussi, garde champêtre de sa co mune, dont auquel j'ai hérité les aptitudes tier des armes. Reste à voir si je marque en comme ça, pour montrer à M'sieu le ca[pi]taine de recrutement qu'on sait se faire res[pe]cter. (*Il tire de sa poche un petit miroir et se [re]garde*). Ça n'est pas mal comme ça... Au fait, [m]on bonnet n'est peut-être pas d'ordonnance ; je mettais par dessus mon chapeau des [gr]ands jours? (*Il va chercher dans la panière un [vie]ux chapeau à haute forme qu'il met par des[su]s son bonnet, et se regarde de nouveau*). A la [bon]ne heure, voilà qui donne un air crâne... [Ma]intenant, dégainons et mettons-nous au [po]rt d'armes. (*Il tire son sabre en décrivant un [gr]and cercle*). Coquin de sort ! c'est-y-dur ! [Il] met l'arme au bras, la main gauche tournée [en] sens contraire sur la jambe gauche, et fait [quel]ques pas sur la scène). Marchons mainte[na]nt : une, deusse, une, deusse, une deusse ! [Il] se regarde de nouveau. en se donnant un air [im]posant, le cou raide.) Je dois faire de l'effet, [j'e]n suis sûr... Avec ça, je pense qu'on les [pre]ndra les conscrits, et qu'on fera honneur à [la] commune et au gouvernement !... Je pense [au]ssi que M'sieu Rapinot, le maire, qui est en [mê]me temps mon maitre, puisque je suis son [do]mestique, me fera avoir de l'avancement (*Il [ent]end du bruit*). Qui va là ! Qui vive !

SCÈNE II

Le même. — Le petit bossu

LE PETIT BOSSU

C'est rien que moi, mon petit Jean.

LE GARDE CHAMPÊTRE

Tiens ! Qu'est-ce que tu viens faire là ?

LE PETIT BOSSU

Je voudrais une toute petite place.

LE GARDE CHAMPÊTRE

Pourquoi faire ?

LE PETIT BOSSU

Eh ! pour voir, pardienne ! Tu sais bien que [je] n'ai que ce plaisir au monde : voir ce [qu]i se passe et faire ensuite mes petites [ré]flexions.

LE GARDE-CHAMPÊTRE

Oui. Mais si le maire te voit ; tu sais, il [ne] t'aime pas... c'est après moi qui s'en pren[dr]a.

LE PETIT BOSSU

Il ne me verra pas. (*on entend des pas lourds.*)

LE GARDE.CHAMPÊTRE

Juste, le voilà. Ah ! malheur, sauve-toi vite !
(*Le petit bossu ouvre la panière et s'y blottit rapidement*).

SCÈNE III

Les mêmes. — Le maire, M. Rapinot, avec un col montant jusqu'aux oreilles ; un habit à queue de morue, serré par une grande écharpe blanche avec franges d'or ; un chapeau à haute forme, rejeté en arrière ; des sabots noircis à la suie.

LE MAIRE

Tout est prêt.

LE GARDE CHAMPÊTRE (*se tenant au port d'armes.*)

Oui, M'sieu Rapinot.

LE MAIRE

Je n'suis pas M'sieu Rapinot, ici ; je suis le maire de la commune !

LE GARDE CHAMPÊTRE

Oui, M'sieu le maire.

LE MAIRE

A la bonne heure, quand le capitaine entrera...

LE GARDE CHAMPÊTRE

Pardon, M'sieu le maire. Est-ce que j'aurai à lui parler ?

LE MAIRE

Pourquoi cette question ?

LE GARDE CHAMPÊTRE

Parce que... d'abord j'en serai fier... et puis... je voudrais savoir s'il faudra lui dire comme ça : M'sieu le capitaine, ou mon cap'taine.

LE MAIRE

Tu lui diras... l'un ou l'autre... quand on est sous les armes on a le droit... Mais ce n'est pas la question. Ecoute bien ce que tu feras.

LE GARDE CHAMPÊTRE

Oui, M'sieu le maire.

LE MAIRE

Quand le cap'taine entrera, tu feras le salut militaire, hein ? comme ça. (*Il le lui montre.*)

LE GARDE, (*faisant le geste gauchement*)

Oui, M'sieu, comme ça.

LE MAIRE

Et tu tiendras la police.

LE GARDE

Oui, M'sieu, avec mon sabre.

LE MAIRE

Tu sais que ça ne plaisante pas, les cap'taines de recrutement.

LE GARDE

Soyez tranquille, j'bougerai pas, j'vous ferai honneur !
(*On entend des pas précipités. Un capitaine entre brusquement, suivi d'un brigadier de gendarmerie, le sabre au poing.*)

SCÈNE IV.

Les mêmes. — Le Capitaine

LE CAPITAINE (*vivement.*)

Vous avez reçu mes ordres à temps, Monsieur le Maire ?

LE MAIRE, (*qui s'est levé précipitamment*).

Oui, mon cap'taine.

LE CAPITAINE

De graves événements ont surgi, la guerre est déclarée, et nous avons l'ordre d'incorporer sans retard tous les jeunes gens qui ont tiré au sort cette année.

LE MAIRE

Et les soutiens de famille ?

LE CAPITAINE

Il n'y a pas de soutiens de famille pour le moment, il n'y a que des soutiens de l'honneur du drapeau français

LE MAIRE (*à part*)

Diable ! c'est grave. (*Haut*) Et les bons numéros ?

LE CAPITAINE

Ce seront les premiers au feu !... Dites-moi, vos jeunes gens ont-ils la taille ?

LE MAIRE

M'sieu le cap'taine, le plus petit a la moitié de la tête de plus que moi.

LE CAPITAINE

Sont-ils robustes, forts, vigoureux ?

LE MAIRE

Il n'y a pas leurs pareils dans tout le can Ils sont forts comme des crics. Quand o bat dans les assemblées, ils ne reçoivent ja de coups.

LE CAPITAINE

Parce que ce sont eux qui les donnent ? C bon, on les tiendra au régiment, et ça po faire quand même de bon soldats. Sont-ils telligents ?

LE MAIRE

Qu'est-ce que vous dites ?

LE CAPITAINE

Je vous demande s'ils sont lettrés.

LE MAIRE

Je ne comprends pas, je suis un peu d'oreille ?

LE CAPITAINE (*fort*).

Savent-ils lire et écrire ?

LE MAIRE

Ah ! pour ça, non ; c'est un défaut de sance. Pour l'école, il ne faut pas leur en ler.

LE CAPITAINE

Ont-ils au moins l'intelligence ordinaire

LE MAIRE

Vous dites ?

LE CAPITAINE

Comprennent-ils bien les choses ?

LE MAIRE

Je n'sais pas, mon cap'taine, je n'suis allé aux renseignements.

LE CAPITAINE

Savent-ils au moins distinguer la ja gauche de la droite ?

LE MAIRE

Pour ça oui ; c'est une chose qu'on apprend depuis longtemps. Pour compter sont adroits comme des singes ; avec un sou est un sou ; il y en a qui savent com jusqu'à vingt !

LE CAPITAINE

Très bien, ils n'auront qu'à compter : une, deux ! une, deux !... Et sont-ils bien disposés à partir ?

LE MAIRE

Ah ! m'sieu le capitaine, vous savez, on tient toujours au pays, quand on ne l'a jamais quitté, et vous feriez bien plaisir au père Boniface, si vous pouviez lui laisser son garçon !

LE CAPITAINE

Le père Boniface ? Je m'en fiche comme de l'an 40 ! Et je m'étonne, Monsieur le Maire, que vous osiez me faire une pareille proposition, à moi, vieux militaire qui ai cinq blessures et trois campagnes !... Vous mériteriez que je vous dénonce a M. le Préfet !...

LE MAIRE

Pardon, mon cap'taine, je n'avais pas l'intention de vous offusquer. C'était une petite commission...

LE CAPITAINE

Une commission ? des commissions comme ça, on se déshonore quand on les fait, entendez-vous ?

LE PETIT BOSSU (*sortant la tête*).

Attrape.

LE CAPITAINE

Et puis, l'heure passe. Je vous avais fait dire que je serais ici a midi précis, et il est midi un quart. D'où vient ce retard ?

LE MAIRE

Mon cap'taine, ils se seront peut-être amusés à boire au Cheval-Blanc, chez la petite Jeannette, qui est sur le chemin. Pourtant je leur avais recommandé d'être là à onze heures et demie pour le plus tard. (*Au garde*). Allez donc voir s'ils viennent.

LE CAPITAINE

(*Maugrée en se promenant à grands pas sur la scène et en faisant sonner ses bottes.*)

Pas d'exactitude ! Connaissent pas la discipline... Ça viendra, on les attend au régiment... Seront mis au clou plus d'une fois... Toujours comme ça dans ce métier... On ne s'en doute pas .. un tas de pékins... qui trouvent que c'est joli les épaulettes et la croix... Et qui ne savent pas ce que ça coûte... Faudrait les voir à notre place...

LE PETIT BOSSU (*sortant la tête*).

Ça commence à chauffer.

LE GARDE

(*Rentrant, le sabre toujours au poing, faisant gauchement le salut militaire, tantôt au brigadier, tantôt au capitaine.*)

Mon cap'taine, j'ai entendu le tambour. Ils sont au grand détour, derrière la maison du père Dauphin qui tient la ferme de M'sieu Grandcolas, le gendre à M'sieu Jérôme.

LE CAPITAINE

Hein ? qu'est-ce que vous me barbouillez, vous ?

LE GARDE (*se retirant, la main à son front*).

Mon cap'taine, pardon z'excuse.

LE MAIRE (*regardant par la coulisse*).

Les voilà ! Je les entends. (*On entend le tambour plus distinctement*). C'est le p'tit Fanfan qui joue du tambour. Il se charge de les faire marcher les baguettes, oui.

LE CAPITAINE (*prêtant l'oreille*).

Nous verrons ça.

LE MAIRE (*regardant*).

Allons bon, les voilà qui s'arrêtent. Ils doivent être derrière l'hôtel de la Croix-d'or, au Rendez-vous des Bons-Enfants. (*Criant dans la coulisse*). Allons, allons, vous autres, le cap'taine vous attend depuis une heure ; il va vous flanquer au clou, dépêchez-vous. (*Se retournant vers le capitaine*). Les voilà, cap'taine ; ah ! les beaux hommes, vous allez voir.

LE CAPITAINE

Pourront-ils tous tenir dans cette salle ?

LE MAIRE

Je pense que oui. C'est là qu'on fait les mariages et quéquefois, il y a cinquante personnes avec les jeunes mariés.

LE CAPITAINE

Vous les ferez placer en fer à cheval.

LE MAIRE

Pardon, mon cap'taine, n'y a pas de fer à cheval à la mairie, mais on en trouvera chez le maréchal, à deux pas de là.

LE CAPITAINE

Il n'est pas question de cela ; je veux dire que vous les mettrez en demi-cercle, comme ceci.

LE MAIRE

Faites excuses, cap'taine, je comprends. Faudra-t-il vous dire leurs noms et prénoms ainsi que leur âge ?

LE CAPITAINE

Quand je vous le demanderai.

LE MAIRE (*regardant de nouveau*)

Allons, entrez vite, dépêchez vous, mossieu le cap'taine vous attend. (*Avec surprise*) Mais qu'est-ce que je vois ? C'est-y mes yeux qui me trompent !

Entrée des conscrits

Un premier tenant sa jambe levée et marchant avec deux béquilles.
Un 2e manchot.
Un 3e avec une bosse par devant et une par derrière.
Un 4e cul de jatte.
Un 5e marchant comme les aveugles.
Un 6e tremblant de tous ses membres, le fils du père Boniface.
Un 7e tenant une épaule très haute, et le haut du corps penché du côté droit.
Un 8e faisant le fou, et jouant de la vielle avec un coin de sa blouse, en imitant le bruit de cet instrument.
Un 9e qui fera le sourd-muet.
Un 10e qui a la danse de Saint-Guy.

LE CAPITAINE

Qu'est-ce que vous me fichez-là ?

LE MAIRE

Ah ! mon Dieu ! c'est-y possible ?

LE CAPITAINE

Ce sont les beaux hommes dont vous me parliez tantôt !
Le petit bossu, la tête hors de sa panière, rit tant qu'il peut en faisant force grimaces.

LE MAIRE

C'est-y que je rêve ? Mais non...

LE CAPITAINE

C'est comme ça que vous vous moquez du monde ?

LE MAIRE

Pardon, mon cap'taine.

LE CAPITAINE

Eh ! bien, vous saurez de mes nouvelles !

LE MAIRE

Je n'savais pas...

LE CAPITAINE

Comment, vous ne saviez pas ? Ah ! bien, elle est forte celle-là !

LE MAIRE

Ah ! quel malheur ! c'est à n'y rien comprendre !

LE CAPITAINE

Moi, je comprends que vous vous moquez de moi...
Quand le dialogue est bien engagé, le petit bossu sort complètement de sa panière et vient se ranger adroitement derrière le Maire, de manière à être vu seulement de l'auditoire. Là, il rit, saute, gambade, fait des grimaces au Maire, se moque de lui et se réjouit de sa frayeur.

LE MAIRE

Pardon, cap'taine...

LE CAPITAINE

En vous moquant de moi, vous insultez le ministre de la guerre !

LE MAIRE

Faites excuse...

LE CAPITAINE

En insultant le ministre de la guerre, vous outragez Sa Majesté l'Empereur des Français.

LE MAIRE

Mais ce n'est pas ma faute...

LE CAPITAINE

Crime de lèse-majesté et de haute trahison.

LE MAIRE

Je vous l'jure, mon cap'taine, ce n'est pas ma faute.

LE CAPITAINE

Vous êtes passible de la peine de mort...

LE MAIRE

Ah ! mon Dieu ! (*Il tombe à genoux et joignant les mains*). Pardon, mon cap'taine.

LE CAPITAINE

Ou tout au moins des travaux forcés à perpétuité.

LE MAIRE

Pardon, je suis père de famille !

LE CAPITAINE

Ça ne me regarde pas.

LE MAIRE

Un honnête homme comme moi, c'est-y malheureux !

LE CAPITAINE (se tournant vers les conscrits).

Qu'est-ce qui m'a flanqué des propres à rien comme ça ? En voilà une commune ! (Montrant chacun des conscrits). Des boiteux !... Des manchots !... Des bossus !... Un qui n'a point de jambes ! Un autre qui est aveugle ! Et celui-là ! il regarde le diable sur le poirier ! Avec ça, des fous, des estropiés de cervelle ! Eh ! bien, si la France n'avait que des enfants de ce calibre, l'honneur du drapeau serait propre !... Et dire que ce moineau-là me vantait ses conscrits comme les plus beaux hommes du monde !...

LE MAIRE

Mon cap'taine.

LE CAPITAINE

Taisez-vous, ou je vous passe mon épée...

LE MAIRE

Le fils au père Boniface...

LE CAPITAINE

Eh ! bien, quoi ?

LE MAIRE

Le numéro 1...

LE CAPITAINE

Le numéro 1, où est-il ?

JACQUES (le fils du père Boniface, se mettant à genoux et pleurant).

Ah ! M'sieu !...

LE CAPITAINE

Mais de fait, il n'est pas infirme celui-là. Que voulez-vous, jeune homme.

JACQUES (d'une voix entrecoupée de sanglots).

Rico.

LE CAPITAINE

Rico ? En voilà un nom !

JACQUES

Rica.

LE CAPITAINE

Rica ?

JACQUES

Riquette.

LE CAPITAINE

Qu'est-ce qu'il veut dire cet oiseau ?

JACQUES

Tourne mon sou.

LE CAPITAINE

Tourne mon sou ?... Est-ce à moi qu'il parle ?

JACQUES

Rico, rica, riquette.

LE CAPITAINE

Rico, rica ; est-ce de l'arabe ou du chinois ?

JACQUES (toujours à genoux, les mains jointes).

Rico, rica, riquette ; tourne mon sou...

LE CAPITAINE (frappant du pied).

Mais, il est fou ! il est fou !... Qu'on m'ôte ce garçon de là. Brigadier, saisissez-le. (Le brigadier lui met les menottes.)

LE GARDE-CHAMPÊTRE (montrant le plus grand de la bande).

Et celui-là, Ms'ieu le capitaine.

LE CAPITAINE

Hein ?... Vous ? Allez donc garder vos chèvres !

LE GARDE CHAMPÊTRE (reculant d'un pas).

Pardon, mon cap'taine... je croyais vous obliger.

LE CAPITAINE

M'obliger ?... Moi ?... un homme comme vous ?...

LE GARDE CHAMPÊTRE

C'est le plus fort des conscrits, mon cap'taine

LE CAPITAINE

Qui ça ?

LE GARDE CHAMPÊTRE

Le numéro 9, mon cap'taine. Si vous saviez comme il est fort !

LE CAPITAINE

Voyons voir ce numéro 9... (*Il l'examine.*) C'est vrai... Taille de tambour-maitre... poitrine de cuirassier... épaules à porter double charge... serait bon dans le train des équipages avec les mulets. Voyons, jeune homme, avez-vous quelques réclamations ?

LE SOURD (*d'une voix forte et criarde*).

Fanfan Lajasse.

LE CAPITAINE

Je ne vous demande pas votre nom. Je vous demande...

LE SOURD

Né natif au Grand-Tureau.

LE CAPITAINE

Je vous demande quelles sont vos réclamations !

LE SOURD

Vingt ans, depuis la Saint-Laurent.

LE CAPITAINE

Il ne s'agit pas de cela.

LE SOURD

Toucheu de bêtes.

LE CAPITAINE

Ah ! ça, m'entendrez-vous ? (*Criant de toutes ses forces et faisant des yeux menaçants.*) Quelles sont vos ré-cla-ma-ti-ons ?

LE SOURD (*répondant plus fort*).

Dans le grand domaine.

LE CAPITAINE

Mais vous êtes sourd, mon ami, vous êtes sourd.

LE SOURD

A vot' service.

LE CAPITAINE

Impropre au service ! En voilà de la marchandise !... Monsieur le maire, je me retire ; mais vous saurez sous peu de mes nouvelles. Je n'entends pas qu'on se moque d'un officier français, d'un vieux capitaine qui a fait trois campagnes, a reçu cinq blessures et la croix d'honneur sur le champ de batailles, et qui a toute la confiance du gouvernement. (*Il sort.*)

LE MAIRE

Ah ! mon Dieu ! quel malheur ! moi qui si fier de ma commune et de mes consc Pour le sûr, c'est quelqu'un qui m'a jo tour ! ce n'est pas autre chose que ça !

LE PETIT BOSSU

Eh oui, mon vieux, c'est le petit boss se venge en roulant le sorcier.

Tous les conscrits se dressent, et faisant d l'auditoire en mettant le maire au milieu d entonnent avec entrain le chant suivant :

FRANCE, MA PATRIE

I

Chantons, amis, le beau pays de France,
Le doux pays qui nous donna le jour,
Où s'écoula notre joyeuse enfance,
Entre les bras de parents plein d'amour.

Refrain

Salut, salut, terre chérie,
Salut, salut, ô France, ma patrie !
Que le ciel exauce mon cœur ;
A la France, gloire et bonheur.

II

Aimons toujours la mémorable histoire,
De nos aïeux, de leurs vaillants exploits,
Chantons, amis, les vertus et la gloire,
De ces héros, les vengeurs de nos droits.

III

Aimons le sol que nos robustes pères,
Ont fécondé du travail de leurs bras ;
Le souvenir de leurs vertus austères,
Dans le devoir affermira nos pas.

IV

C'est ton génie, industrieuse France,
Qui donne à tous le signal du progrès ;
Fiers de ses arts, heureux de sa science,
Applaudissons à ses brillants succès.

LE CHŒUR DE FAUST ; *Gloire immortelle de aïeux !* (1)

FIN DU 3ᵉ ET DERNIER ACTE

(1) On peut chanter avant la pièce : *France, ma pat* et réserver pour la fin le *Chœur de Faust*, ou vice ver suivant les ressources que l'on a comme voix et com exécution. Le Chœur de Faust demande à être b chanté, par des voix d'hommes autant que possible.

Gloire immortelle de nos aïeux

Musique de Ch. GOUNOD.

France, ma patrie!

THÉATRE CHRÉTIEN
Comédies et drames pour Familles, Pensionnats et Œuvres de jeunesse

Répertoire de l'abbé J.-J. MORET

Le duc de Maladetta, scène de brigands en Espagne, com. en 3 actes, 20 personnages.	0 75
Les Plaideurs de Clignancourt, com. en 3 actes, 18 personnages.	0 75
Monsieur Larègle ou Faites-vous aimer pour être bien servi, com. en 1 acte, 4 pers.	0 50
L'Incrédule, l'Enfant, l'Œuf et la Poule, le Tabac et le Petit Verre, petits dialogues pour garçons ou filles, 4 personnages.	0 50
Le Sénégal, drame en 3 actes, 17 pers.	0 50
L'École du 101ᵉ par le sergent Brégeul, comédie en 1 acte, 11 personnages.	0 50
Les Infortunes de Jean Troux, comédie en 1 acte, 7 personnages.	0 50
Le Médecin d'Escarbagnac ou le Moyen de se faire une clientèle, comédie en 2 actes, 15 personnages.	0 50
Les Conscrits de Fiche-ton-Camp, comédie en 3 actes, avec chants, (sous presse)	0 75
L'Anarchiste, drame en 3 actes, 9 personnages.	0 75
Le Médecin sans pareil, comédie en 3 actes, 10 personnages.	0 75
Jeannot Lagoulette ou Le Bouton de culotte, scène comique.	1 00
Dialogues pour la fête de Noël, pour garçons ou filles, 4 personnages.	0 50
Le Bonnet du Juif-Errant, comédie en 12 scènes, 5 personnages.	0 75
Maître Patelin ou le Moyen de se faire habiller à neuf sans qu'il en coûte, comédie en 1 acte, 9 personnages.	0 50
Le glorieux martyre de sainte Barbe, petit drame en 5 actes pour jeunes gens ou filles, 11 personnages.	0 50
Noël, avec les vieux chants de Noël, pastorale pour jeunes gens ou jeunes filles, 13 personnages, hôteliers et hôtelières.	0 50
Les trois lapins, comédie en 1 acte et 4 tableaux, 5 personnages.	0 50
Le plus beau rêve ou Les Gascons sont-ils plus malins que les Normands? comédie en 1 acte, 3 personnages.	0 50

Comédies pour jeunes filles

Madame Finard et Madame Grippesol, comédie en 1 acte et 2 tableaux, 2 personnages; peut être jouée par des garçons en changeant simplement les noms.	0 50
La Crêpe cuite au soleil, com. à 11 pers.	0 50
A quoi sert la religion ou les Cancans du laroir, petit drame en 3 actes, 9 person.	0 50

L'orage ou le temps perdu, petit drame en 2 actes et Riches et Pauvres, com. en 1 a.	0 50
On est toujours puni par où l'on pèche, comédie en un acte pour jeunes filles.	0 50

TRILOGIE SACRÉE: Le Sacrifice d'Abraham, Joseph, La Passion de Notre-Seigneur Jésus-Christ, grands drames-mystères, par l'abbé Bournichon. — Chaque mystère séparément au prix de 1 fr. 50, les trois ensemble 3 fr. 50. Remise par nombre. — La musique de chacun de ces mystères se vend séparément au prix de 1 fr. 50 pour Joseph et 0 fr. 50 pour la Passion de N.-S. et le Sacrifice d'Abraham. La musique des trois pièces réunies, 2 francs.

Le Zouave Pontifical, grande scène dramatique. — Paroles de Maurice Farges, — Musique de l'abbé Louis Farges. — Grand in-4°, franco.	2 00
La Passion de Notre-Seigneur Jésus-Christ, mystère en 3 actes et 19 tableaux, par l'abbé J. Pailler; brochure in-8°.	1 50
Jeanne d'Arc (10 personnages); tragédie en 3 actes pour jeunes gens, par l'abbé J. Médérick, directeur de patronage, in-8°	1 00
Le Martyre de sainte Cécile, tragédie en 3 actes avec chants, pour jeunes filles, par l'abbé L. Gillet; brochure in-8°.	1 50
Le dernier des Fabius ou le martyre de saint Amator, dr. en 5 actes, avec musique, par un Direct. de Cercle cathol.	0 80
L'Intendant infidèle, drame en 4 tableaux, 8 personnages et plusieurs figurants, par l'abbé Durand.	0 75
Pierrot chez les Indiens Coups'Choux, pantomime bouffe en 1 acte et 2 tableaux, 3 personnages et troupe d'Indiens, par A.-J. Verrier.	0 50
Pauvre Reine, drame en 5 actes, tiré de l'œuvre de M. Raoul de Navery: Le Procès de la Reine et spécialement écrit pour Patronages de Dames broc. in-8°	1 50
Orval et Montrond, ou le dernier des Montfaucon. Drame en 3 actes avec chants.	1 50
Simon de Montfort. Dr. hist. en 3 actes	2 00
Un garçon s. r. p. Com. en 1 a, p. j. gens.	1 00
Examen du caporal, Dialogué.	0 50
L'homme d'affaires de mon oncle, par Marcel Collier, comédie en un acte.	1 00
Les 3 valets de chambre, pantomime en 3 actes. — La charité, scène à 4 personnages pour jeunes filles.	0 50

S'adresser à l'Imprimerie Saint-Joseph, Saint-Amand (Cher).

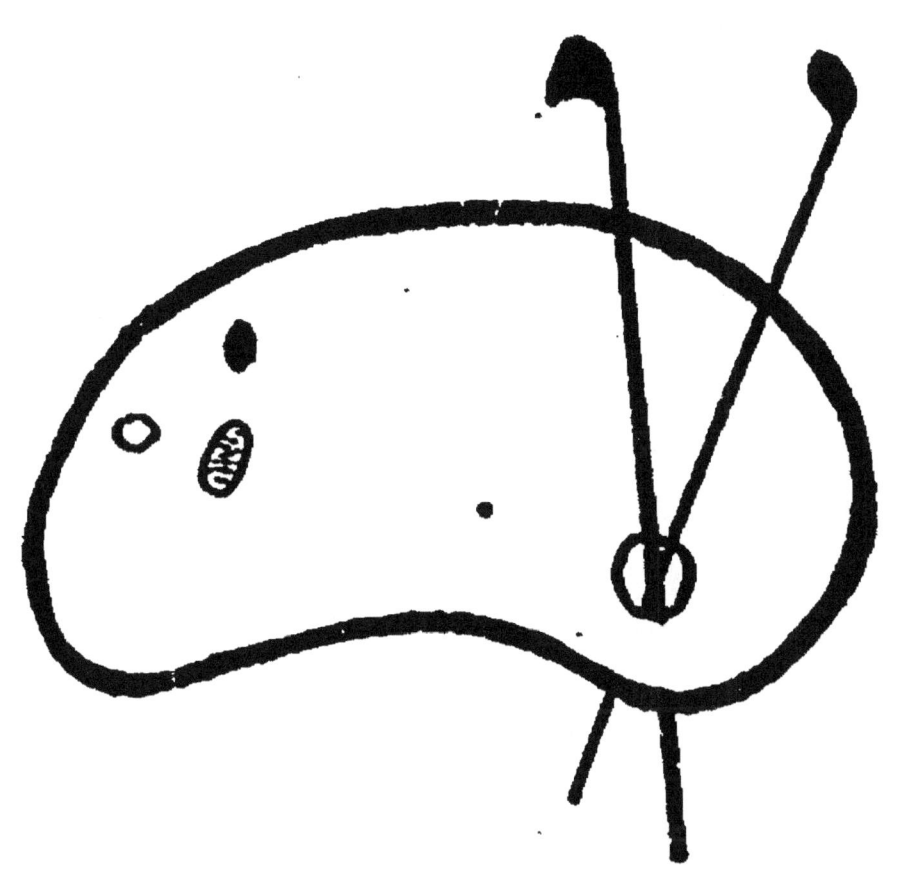

www.ingramcontent.com/pod-product-compliance
Lightning Source LLC
Chambersburg PA
CBHW070523050426
42451CB00013B/2816